LES BLAGUES À
GARFIELD

n°1

Garfield est une création de

version originale : Mark Acey et Scott Nickel
traduction et adaptation de l'anglais : Benoît Roberge

PRESSES AVENTURE

Voici Garfield !

Quel est le livre
préféré de Garfield ?

Le livre de recettes.

Quel est le plat préféré
des robots ?

La lasagne automate.

Si Garfield était un légume lequel serait-il ?

Une patate de sofa.

Si Garfield était une momie
dans quoi serait-il enterré ?

Dans un sar-gros-phage.

Toc, toc, toc.
Qui est là ?
Tony
Tony qui ?

Tonitruant, le gars le plus
bruyant du quartier !

Pourquoi Garfield aime-t-il
les ordinateurs ?

Parce qu'il peut jouer
avec la souris sans devoir
la manger.

Si Garfield devenait
prestidigitateur,
quel nom de scène
aurait-il ?

Mou-dini.

Où les vampires
conservent-ils leurs
économies ?

Dans une banque
de sang.

Comment va-t-on surnommer Garfield s'il continue d'engraisser ?

Gras-field.

Comment s'appelle l'endroit
où Garfield entrepose
sa nourriture ?

Le hangarfield.

Quelle est la différence
entre Garfield et une
bibliothèque ?

Aucune, les deux ont
plusieurs livres en trop.

Pourquoi les pizzas
sont-elles souvent
en chicane ?

Parce qu'elles passent
leur temps à se lancer
des pointes.

Pourquoi les lions
ne jouent-ils pas
au baseball ?

Parce qu'ils frappent
toujours des
fosses balles.

Que se passe-t-il
lorsque Garfield
saute dans la piscine ?

Une inondation.

Toc, toc, toc.
Qui est là ?
Hubert !
Hubert qui ?

Huberlingo de lait,
l'ami riche en calcium !

Pourquoi Odie
apporte-t-il à Jon
un ventilateur ?

Parce que Jon
lui a demandé
de faire de l'air.

Qu'obtient-on en
mélangeant un ours
avec un cadran ?

Winnie l'ours-sonne !

Quel est le slogan préféré des vaches ?

Un verre de lait c'est bien, mais deux c'est mmmmeuh !

À quoi Garfield rêve-t-il
quand il dort ?

Qu'il est couché sur un lit
de pommes de terre.

Qui peut supporter une
grenouille de 300 livres ?

Un nénu-fort !

Qu'arrive-t-il à Garfield
lorsqu'il mange
un citron ?

Il devient SÛR de lui.

Pourquoi Garfield
dort-il près du feu ?

Pour dormir comme
une bûche.

Qu'est-ce que Garfield
perd rapidement lorsqu'il
suit un régime ?

Son sens de l'humour.

Que dit Jon lorsqu'il
surprend Garfield
à manger des *chips* ?

Tiens, tiens, le chat
sort du sac !

Quelle est la danse préférée de Garfield ?

Le chat chat chat.

Toc, toc, toc.
Qui est là ?
Lillie !
Lillie qui ?

Lilliputien votre
petit voisin !

Quel prix l'épicier charge-t-il à Garfield ?

Le prix du gros.

Comment appelle-t-on
un cochon qui a perdu
la boule ?

Un cochon dingue.

Quel est le chien préféré
de Garfield ?

Le chien-chaud.

Que devient le poulet qui passe la journée au soleil ?

Un poulet frit.

Pourquoi la mouche à feu
remporte-t-elle tous
les tests de Q.I. ?

C'est une vraie lumière.

Comment se sent Garfield
quand le frigo est vide ?

De mauvais poil.

Quel est l'ordre
que Garfield
aime recevoir ?

À table !

Toc, toc, toc.
Qui est là ?
Kiwi.
Kiwi qui ?

Kiwi je le veux,
marions-nous !

Que dit Garfield pour
séduire une Barbie ?

Salut, poupée !

Comment réagit
le squelette aux blagues de Garfield ?

Il est mort de rire.

Quelle est la meilleure
façon d'attraper Garfield ?

Par le ventre.

Quelle est la formule
de politesse d'usage
entre félins ?

Salut, chat va ?

Quelle est la position
préférée de Garfield
au baseball ?

Derrière le comptoir
du casse-croûte.

Pourquoi les souris
ont-elles des
problèmes financiers ?

Parce qu'elles sont
souvent dans le trou.

Toc, toc, toc.
Qui est là ?
Rat.
Rat qui ?

Rapide,
le roi de la course.

Quelle est la tactique
de Garfield lors
d'une partie de hockey
contre des souris ?

Il joue la trappe.

Où Garfield est-il
heureux de
faire la queue ?

Dans un buffet
à volonté.

Quel est le meilleur ami
étranger de Garfield ?

Le spaghetti italien.

Où Superman fait-il
son épicerie ?

Dans un supermarché
bien sûr !

Pourquoi le chef
cuisinier a-t-il été
mis à la porte ?

Parce qu'il était à côté
de la plaque.

Pourquoi Garfield est-il
habile en négociation ?

Parce que ses arguments
ont du POIDS !

Comment se sent Odie
quand on lui propose
d'aller en camping ?

Ça lui tente.

Qu'est-ce qu'on obtient
en mélangeant une vache
à un groupe de loup ?

Une Meeuuute !

Comment appelle-t-on
un chat perdu ?

Un minoublié.

Qu'est-ce qui est plus
gros que Garfield,
mais qui ne pèse rien ?

L'ombre de Garfield.

Qui est le chat préféré
des cordonniers ?

Le chat botté.

Toc, toc, toc.
Qui est là ?
Marco.
Marco qui ?

Marcoca-cola,
l'homme le plus
pétillant du monde.

Qu'est-ce que Garfield
rêve d'escalader ?

Une montagne de pâtes.

Pourquoi le beigne
ne peut-il pas aller
en vacances ?

Parce qu'il a un trou
dans son budget.

Quelle est la 12ᵉ
plus grosse montagne
du monde ?

La bedaine de Garfield.

Quelle est la pyramide préférée de Garfield ?

La pyramide de nourriture.

Pourquoi Garfield
a-t-il engagé un garde
du corps pour aller
à la plage ?

Jonh lui a dit qu'il
avait besoin de
protection solaire.

Comment se sent
Garfield devant
une mouffette ?

Il sent l'odeur
de la défaite.

Que fait Garfield quand il n'y a plus rien dans le frigo ?

Il mange ses émotions.

Pourquoi Garfield
porte-t-il des gants
pour écrire un courriel ?

Son ordinateur
a attrapé un virus.

Quel est le livre préféré
des informaticiens ?

Les mémoires
d'un ordinateur.

Pourquoi les araignées
aiment-elles
les ordinateurs ?

Parce qu'elles se
promènent facilement
sur la toile mondiale.

Que dit maman
confiture à
bébé confiture ?

Va sur le petit pot !

Quel groupe ne joue
pas de musique ?

Le groupe sanguin.

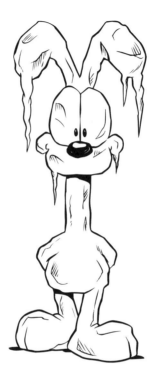

**Comment Odie
trouve-t-il l'hiver ?**

Il le laisse froid.

Toc, toc, toc.
Qui est là ?
Nadine.
Nadine qui ?

Nadinerez-vous
avec nous ce midi ?

Toc, toc, toc.
Qui est là ?
Roger.
Roger qui ?

Ro-j'ai pas choisi
mon nom, désolé !

Comment Garfield aime-t-il ses beignes ?

À la douzaine.

Où les ours polaires
déposent-ils
leur argent ?

À la banquise.

Pourquoi Garfield
a-t-il les pattes
collantes ?

Jon lui a dit
qu'il aurait intérêt
à marcher
sur des œufs.

Quelles sont les deux lettres que Garfield aime le plus regarder?

TV

Quel est le dessert
préféré des oiseaux ?

Les biscuits-cui-cui.

Toc, toc, toc.
Qui est là ?
Huguette.
Huguette qui ?

Hu-guette moi ça
je reviens dans
deux minutes.

Pourquoi le dinosaure
est-il si gros ?

Parce qu'il mange
comme un cochon.

Que se passe-t-il
lorsque Garfield
est amoureux ?

Son cœur
chat-vire.

Quel est le gâteau
préféré des souris

Le gâteau au fromage.

Pourquoi bébé monstre
ne dort-il pas la nuit ?

Il a peur qu'un humain
soit caché sous son lit.

Pourquoi le vélo
n'est-il pas surpris
de se faire avoir ?

Parce qu'il est habitué
de se faire rouler.

Quelle est la devise
du chêne ?

Après la pluie
le beau gland.

Quel âge a le balai ?

Dix ans et
des poussières.

Que fait la grenouille
lorsqu'elle croise
un beau gars ?

Elle lui
saute dessus !

Comment le cultivateur
est-il accueilli
par ses légumes ?

Il se fait crier chou !

Toc, toc, toc.
Qui est là ?
Crayon.
Crayon qui ?

Crayon dirait que vous
perdez la mémoire
mon ami !

Pourquoi Garfield
n'aime-t-il pas les
crises économiques ?

Parce qu'il est
incapable de se
serrer la ceinture.

Garfield passe-t-il
toutes ses journées
couché dans son lit ?

Bien sûr que non,
il se couche aussi
sur le divan.

Quelle est la différence entre un chien et une puce ?

Un chien peut avoir des puces, mais une puce ne peut pas avoir de chien.

Comment se sent
la meilleure institutrice
du monde ?

Dans une classe à part.

Que fait la tapisserie
lorsqu'elle est en visite.

Elle colle.

Pourquoi peut-on
raconter n'importe
quoi à Garfield ?

Parce qu'il a
le dos large.

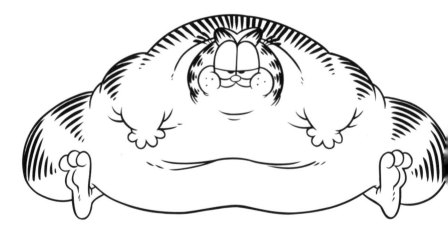